Peter Butschkow

Ich bin eindeutig zu jung für mein Alter!

Texte und Cartoons

Mit Gastbeiträgen von Flix, Uwe Krumbiegel, Til Mette und Miriam Wurster

LAPPAN

Liebe Leserin, lieber Leser,

als ich im letzten Jahrhundert im Jahre 1944 als Jungfrau auf die Welt kam, war meine Mutter, laut ihrer persönlichen Wahrnehmung, anwesend, mein Vater hingegen nicht. Er musste in dieser Zeit, nach eigener Aussage, „mit einem lästigen Karabiner über der Schulter durch Russland latschen".

2024 nun jährt sich meine Geburt zum achtzigsten Mal. Das Erreichen dieser für mich einst unvorstellbaren Altersstufe, die sich selbst durch einen intensiven Lebenswandel nicht verhindern ließ, ist meinem Verlag natürlich nicht verborgen geblieben. „Da müssen wir doch etwas machen!", bedrängte man mich. In der mir in die DNA eingeschriebenen Bescheidenheit wehrte ich natürlich zunächst vehement ab, wäre dann aber mit einer Ehrung durch den Bundespräsidenten nebst Überreichung des Goldenen Cartoonbuches meiner Heimatstadt Berlin mit anschließender Prozession in einer von zwanzig holden Nymphen zum Brandenburger Tor getragenen Sänfte und nachfolgendem Feuerwerk einverstanden gewesen.

Wegen Personalmangels wurde diese Idee jedoch verworfen, man schlug mir alternativ ein würdiges Buch vor. Typisch Verlag. In dem Resultat blättern Sie, liebe Leserin, lieber Leser, jetzt gerade herum. Wie immer gab es um den Titel Gerangel. Erst sollte er „Ein Mann, ein Witz, ein Strich", dann „Best of Butschi", dann „Vom Leben gezeichnet" oder „Alter Sack auf Zack" lauten. Am Ende setzte sich nach einigen turbulenten Meetings mit den üblichen Tätlichkeiten dieser Titel durch, bei dem sich alle einig werden konnten, dass er eine gute Mischung aus Autorenbalsam einerseits und einem alltagstauglichen, auch verschenkbaren Cartoonbuchtitel andererseits darstellte.

Sollten Sie, liebe Leserin, lieber Leser, diese Ansicht teilen, machen Sie alle an diesem Projekt Beteiligten rundum glücklich. Exakt diesen Zustand wünschen wir Ihnen bei der Lektüre dieses Buches auch.

Viel Spaß dabei!

Keith erinnert sich an die verdammt geilen Zeiten

Pia checkt eine Whats-App-Nachricht

Humor

Als meine Eltern damals mit meinem älteren Bruder die Wohnung verlassen wollten, um ins Kino zu gehen, rief ich ihnen im Pyjama aus meinem Kinderzimmer etwas hinterher. Daraufhin kringelten sie sich in der Diele vor Lachen. Ich hatte keine Ahnung, aus welcher geheimnisvollen Quelle in mir dieser Satz entsprungen war, ich spürte nur, ich hatte etwas Lustiges ausgelöst und hörte meinen Vater flüstern: „Der Kleene is ja witzich."

Fünf kleine Buchstaben nur, aber ein riesiges Geschenk für die Menschheit: Humor. Er liegt irgendwo in der Zone zwischen Herz und Verstand und wäre in der Lage, diese verbissene Welt zu retten, wenn man ihn nur endlich an die Macht ließe.

Von uns Deutschen heißt es, wir hätten keinen. Falsch. Natürlich haben wir Humor, allein in meinem Freundeskreis wimmelt es von humorvollen Menschen, im Unterschied zu anderen Kulturkreisen jedoch stecken wir mit ihm nicht dem Ernst des Lebens die Zunge raus, sondern lassen ihn erst am Feierabend, gern mit der erlösenden Hilfe von Promille, frei.

Wir ordentlichen Deutschen haben halt gerne alles an seinem Platz und schätzen es auch sehr, wenn der Urheber eines Lachers über einen niveauvollen Background verfügt. Das kann eine adlige Herkunft (Loriot) oder musikalische Multibegabung (Schneider) oder akademische Ausbildung (Hirschhausen) sein. So brauchen wir uns unseres emotionalen Kontrollverlustes nicht zu schämen.

Erstaunlich ist, dass ich noch nie jemanden getroffen habe, der von sich sagte, er hätte keinen Humor. Die Buchhändlerin, die mich nach meiner Frage „Wo liegen bei Ihnen die Cartoons?" ratlos anschaute, der Chefredakteur, der mit versteinerter Miene auf meinen besten Cartoon aller Zeiten starrte, der Finanzbeamte, der mit meiner Bitte „Bitte behalten Sie meine Steuerschuld im Auge" so gar nichts anzufangen wusste. In ihrem Selbstverständnis verstanden sie sich alle als humorvolle Menschen. Man darf also sagen, der Humor ist ein wahrer Menschenfreund.

Ich bin ihm nur dankbar, dass er mich achtzig Jahre lang treu durch dick und dünn begleitet und mir so viel unglaubliche Freude gemacht hat.

Wer kann das von seiner Beziehung schon sagen?

Im Biker-Teeladen

Deutsche Wertarbeit veraltet

Neues Wasser-Spar-Bewusstsein erreicht die Laubenkolonien

Zehn Fragen, zehn Antworten

Wie bist du zum Zeichnen gekommen?
Mit dem Bus der Linie A25 von Berlin-Tempelhof in die Akademie nach Berlin-Charlottenburg.

Fällt dir immer etwas ein?
Manche Ideen kommen von selbst, manche verstecken sich. Die Suche nach ihnen geht häufig mit Schlafstörungen, übler Laune, Reizbarkeit, Durst, Harndrang und trockener Haut einher.

Kannst du von deiner Arbeit leben?
Seitdem ich nur noch elektronisch zeichne, schwerer. Aber Papier war letztlich auch Mangelernährung.

Fällt dir auch unter Zeitdruck etwas ein?
Zeitdruck ist mein Red Bull. Schon meine Zeugnisse sagten: „Peter könnte, wenn er wollte. Will aber nur, wenn er muss." Da stand leider nicht: „Ihm wohnt eine natürliche, lobenswerte Faulheit inne."

Wem gehört deine Zeichnung?
Mir. Es gibt jedoch Leute, die im Netz meine Signatur entfernen, den Sprechblasentext ändern oder mit meinem Cartoon hemmungslos und ungefragt ihre privaten oder gewerblichen Aktivitäten schmücken. Auf sie wartet das Jüngste Gericht.

Gefallen dir deine Cartoons eigentlich selber?
Anfangs ja. Dann immer weniger. Manchmal gar nicht mehr. Dann erfahre ich, dass er total gut ankommt. Ab da finde ich ihn hammergeil.

Du zeichnest oft dicke und hässliche Menschen in verbeulten Klamotten mit Riesennasen, Glotzaugen und aufgerissenen Mäulern. Ist das Absicht?
Ja.

Darf man sich denn über alles lustig machen?
Unbedingt. Der Humor ist die Rettungsinsel im Malstrom des täglichen Wahnsinns.

Was hältst du von den sozialen Netzwerken?
Das ist eine monströse Wurst, zu der jeder seinen Senf dazu gibt.

Du zeichnest häufiger Menschen beim Sex. Muss das sein?
Ich finde nichts essenzieller als Sex, schließlich ist ausnahmslos jeder von uns auf diese naturgegebene Art entstanden, gleichsam ist nichts drolliger als ein anatomisch verknoteter, menschlicher Paarungs-Burger. Eine Delikatesse für jeden Zeichner.

Paar Chip

2025, Mittwoch, 12 Uhr

"Andere Männer empfangen ihre berufstätigen Frauen mit einem Begrüßungs-Cocktail!"

Wenn E-Scooter-Fahrer*innen Autos parken

Unter Fachleuten

Träger und Sammler

Immer weniger Kinder können schwimmen

Ziemlich beste Freunde

Komfortkiller Balkonkraftwerk

Unterwegs mit dem Hai-Trainer

Post-Corona

Öffentlichkeit

Wer sich mit Cartoons in die Öffentlichkeit wagt, muss damit leben, von ihr gelobt oder kritisiert zu werden. Das ist der Preis.

Früher geschah das per Post in Form von Leserbriefen, in denen die Abonnenten ihre Wut abdampften, denn Zorn ist, anders als Begeisterung, die dominantere Motivation, um sich seitenlang zu äußern. Solche Schmähschriften haben gütige Redakteure ihren sensiblen Autoren und Autorinnen freundlicherweise vorenthalten. Aber einmal wurde mir ein Schreiben eines Herrn F. aus M. durchgestochen, welcher der Redaktion mitteilte, dass er noch nie so einen witzlosen und erbärmlichen Zeichner wie mich gesehen habe und mir und all meinen Blutsverwandten die Krätze und zu kurze Arme zum Kratzen wünschte. Im Übrigen würde er sein Abo kündigen, wenn nicht unverzüglich … usw., usw. Die panische Antwort der Redaktion kam reflexartig: „Bitte zögern Sie nicht, uns weiterhin ein ambitionierter, wachsamer Leser zu sein. Wir haben Sie lieb, Ihre Meinung ist der Motor unserer Arbeit. Unserem Autor wird das eine Lehre sein, als Strafe werden wir ihm selbstverständlich sein Honorar kürzen."

Mit seinem Hassbrief war Herr F. aus M. seiner Zeit weit voraus, heute ist diese Form in den sozialen Netzwerken gängige Normalität. In diesen einst als Weltverbesserung gepriesenen digitalen Garagengeburten verklemmter Nerds ist die Kommunikation völlig aus dem Ruder gelaufen, ja, ich mache sie sogar ursächlich für die globale Verrohung der heutigen Umgangsformen verantwortlich.

Jeder kann heute jedem, vom Sofa aus oder vom Klo, aus dem ICE oder der Strandbar, anonym oder offiziell, auf jeden Fall hemmungslos seine Meinung sagen, mag sie blitzgescheit oder sturzblöd, diffamierend oder verleumderisch sein.

Derweil mahnen eilig gekürte, moralinsaure Zensoren der Netzwerke den Zeichner wegen einer langen Nase (Sexismus), einer Schokoladentafel (Rassismus), eines Feudels (Fetischismus), eines Burgers

(Kannibalismus), eines Fahrradhelms (Faschismus) und eines Indianers (Kulturelle Aneignung) ab.

Meldet sich dagegen auf meinem Facebook-Account eine Klassenkameradin aus meiner frühesten Schulzeit mit roten Herzen und Kussmündern und fragt mich, ob ich dieser Schnuckel mit den süßen Augen und dem Wuschelkopf von damals bin, dann – aber nur für einen kurzen Augenblick – vergebe ich Marc Zuckerberg.

Mücke im Flugsimulator

Nach dem großen Regen: Aufräumen in Wacken

Blöder und Blöde unterm Sternenzelt

Debakel im Wahllokal

Auch das Echo geht mit der Zeit

Umweltbelastung durch VW-Bus-Frauen

Der pragmatische Mann

Die neue Helferbeschimpfung

Jeder braucht einen Peter

Das erste Mal habe ich Peter getroffen, als ich sieben Jahre alt war und meine Oma besuchte. Sie hob mir immer die HÖRZU-Fernsehzeitschriften auf, damit ich die Seite mit den Witzen lesen konnte. Und die Comics. Mecki, der Igel. Und Siegfried, der Drache. Siegfried war von Peter. Und ich erinnere mich, wie ich jede Folge gelesen habe. Und dachte, was ich oft dachte, wenn ich Comics las: Das will ich auch machen! Aber Wollen allein reicht nicht.

Ich stand kurz vor dem Schulabschluss und hatte keine Ahnung, was ich danach machen sollte, als ich an einem Schüler-Comicwettbewerb zum Thema „Gewalt in der Schule" teilnahm. Ich hatte mehrere Schulbänke mit Lehrerportraits verziert und prügelte mich ab und an hinter der Turnhalle, also fühlte ich mich davon angesprochen.

Gewinnen konnte man einen Zeichenworkshop mit Peter Butschkow. Der Comicstrip, den ich einreichte, war krumm und schief und die Pointe eher lau. Ich war überrascht, dass ich dennoch gewann. Und ahnte nicht, dass der Workshop, im wahrsten Sinne des Wortes, mein Leben verändern würde.

Peter zu treffen war mein Glück. Nicht nur, dass er warm, fröhlich und ehrlich vom Zeichner-Dasein erzählte. Dass ihm anzusehen war, welche Freude für ihn im Zeichnen, Schreiben, Erzählen mit Bildern steckte. Ein Mensch mit Feuer in den Augen. Und Liebe für das, was er tat. Was mich tief beeindruckte.

Nein, der alte Silberrücken sah in meinen Kritzeleien etwas, was er für besonders hielt. Er war es gewesen, der sich in der Jury stark gemacht hatte, dass mein Strip auf dem Finalisten-Stapel landete.

Als wir dann an diesem Workshopnachmittag uns tatsächlich gegenübersaßen, ermutigte er mich, weiterzumachen. Mehr zu zeichnen. Und den eigenen Geschichten zu vertrauen.

Es löste einen unglaublichen Motivationsschub aus. Peter und ich hielten Kontakt, ich durfte ihm Zeichnungen ins Atelier faxen und er schickte mir Lob und Verbesserungsvorschläge zurück. Und wenig später lud er mich ein, zur Buchmesse zu kommen. Er gab mir Tipps, wo ich mich mit meinen Comicseiten vorstellen sollte. Sein zugewandter Blick gab mir Halt. Peter war mein Felsen in den hohen Wellen der wundersamen Buchwelt. Und es klappte. Ich bekam tatsächlich einen Buchvertrag für ein erstes Comicalbum. Von da an lief es und ich wusste, was ich in diesem Leben machen würde.

    Es klingt wie eine Kalenderweisheit, aber es stimmt schon: Jedes Kind braucht einen Peter, der an es glaubt.

Flix, März 2024

Künstliche Renitenz

Katze im Schattroom

Der Blödquatschelor

Personalmangel! Neue Wege in der Gastronomie

Der Schimmelradler (Theodor Storm)

Feine Mischung

Peter Butschkow habe ich beim Prerow-Cartoonair kennengelernt, einer jährlichen Openair-Cartoonausstellung in Prerow an der Ostsee. Das Schlusswochenende ist sehr beliebt bei den Zeichnerinnen und Zeichnern, dort treffen wir uns und tauschen uns aus.

Peter wollte ein Lappan-Jubiläum, das dort begangen wurde, mit seinem Geburtstag verbinden und hatte deshalb eine größere Ferienwohnung für seine Familie und sich gemietet, mit ihr wollte er in Ruhe feiern. Um ein Uhr nachts jedoch stand eine Gruppe erlebnishungriger, angetrunkener Cartoonist*innen vor der Tür, denn die letzte Dorfkneipe hatte zugemacht und jemand hatte die mäßig taktvolle Idee gehabt, das Geburtstagskind zu überraschen.

Peter war nicht übertrieben begeistert, gab sich aber nonchalant und gastfreundlich seinem Schicksal hin, auch wenn wir die Getränkevorräte dezimierten und sich in der Folge größere und kleinere Dramen abspielten. Diese Souveränität hat mich beeindruckt.

Ich stelle mir vor, dass Peter seinen Tag damit beginnt, mit einem Becher Pharisäer in der Hand, auf den Deich zu klettern und dort, umdrängt von Heidschnucken, umflattert von Nordseemöwen, den Blick in die Ferne schweifen zu lassen, bei Wind und Wetter.

Seine Cartoonfiguren haben dieselbe Widerstandskraft, sie biegen sich wie junge Birken, strotzen vor Energie und wirken wie durchgepustet, drall und lebendig. Die Zeichnungen im klassischen Comicstil, der sichere Strich, genau die richtige Menge Schwarz, gegen das die Farben leuchten können, der leichtfüßige Witz – das macht die Butschkow-Cartoons unwiderstehlich.

Wir hoffen auf immer neuen Stoff!

Miriam Wurster, März 2024

Bewertung im Netz

Energiesparmodell „All in!"

Taylor Swift (70) singt über ihre Blasenschwäche

Deutscher im Urlaub

Enkeltrickbetrüger im Risiko

Ingo B., deutscher IS-Heimkehrer, bei der Deradikalisierung

Farblich muss es knallen

Peter Butschkow alias „Butschi" ist ein lebensfroher Mensch, der gerne Holzfällerhemden trägt und unermüdlich treffsichere Cartoons produziert. Ich sah ihn erstmalig vor 15 Jahren bei einer organisierten Kremserfahrt. Butschi saß mir gegenüber und erzählte verrücktes Zeug. Es war ziemlich offensichtlich, dass ihm der sprichwörtliche Schalk im Nacken saß.

Später lernte ich ihn näher kennen: seine Liebe zur Musik und zur Poesie des Alltags, seine sehr offene und interessierte Sichtweise sowie seine beknackte Marotte, gern einen Rest Bier im Glas zu lassen, wenn er sich das nächste holt.

Seine Zeichnungen fallen sofort ins Auge. Peter Butschkow ist nicht der Mann für zaghafte Pastelltöne und gehauchte Schattierungen. Farblich muss es knallen, und zwar richtig. Und das passt so wunderschön zu Butschis bodenständigem und ansteckendem Humor, mit dem er seine Fans begeistert. Der Mann weiß, was er tut: Butschi hört den Leuten zu, beobachtet aufmerksam und ist hellwach. Man merkt es seinen Cartoons an, die stets auf der Höhe der Zeit sind.

Im Verlaufe der Jahrzehnte hat sich Butschi stilistisch mehrfach neu erfunden, hat seinen Strich immer wieder behutsam angepasst, um mithalten zu können. Eine grandiose Leistung – und das macht ihm keiner so leicht nach. An dieser Stelle sollte auch erwähnt werden, dass sich Butschi immer ganz vorn im Bestseller-Ranking der Cartoonbücher tummelt. Kein Mensch weiß, wie er das anstellt, vielleicht hat er sich irgendwann mal im Suff mit finsteren Mächten verbündet. Doch es sei ihm gegönnt!

Falls ich schaffen sollte, die 80 zu erreichen, hoffe ich, ein wenig wie Butschi zu sein: Immer noch geistig rege, körperlich fit und neugierig wie ein Zwanzigjähriger. Neulich habe ich mir zwei Holzfällerhemden im „Butschi-Style" gekauft – vielleicht ist das schon mal ein guter Anfang.

Uwe Krumbiegel, Februar 2024

Nacktsegler beim Anlegemanöver

Vincent van Fasten, Diätmaler und Frauenversteher

Paparazzi erwischen Cum-Ex von Scholz im Bundeskanzleramt

Geburtstagsgäste

Scheiß Hörgeräte

Wie das alte West-Berlin

„Ja, ist das denn die Möglichkeit?", würde Peter Butschkow mit glaubwürdiger Entrüstung sagen, wenn er auf einem Dokument die Jahreszahl 1944 als sein Geburtsdatum entdeckt. Für uns Kollegen ist es schlicht unfassbar, dass der ewig jungenhafte Butschi nicht nur 80 wird, sondern auch noch mit ungebrochener Schlagzahl einen Krachercartoon nach dem anderen raushaut.

Peter Butschkow ist nicht nur einer der erfolgreichsten und bekanntesten Zeichner Deutschlands, er ist auch der Zeichner, dessen genialer Strich unverkennbar virtuos jeden seiner Cartoons zum Meisterwerk macht.

Es macht unendlich Spaß, sich neben dem Bildwitz seiner Cartoons auch die Anatomie seiner Protagonisten anzuschauen, die durch Butschkows Zeichnungen stolpern. Sein Personal macht die irrsten Verrenkungen, riskiert die tollkühnsten Stellungen und die komischsten Grimassen. Keiner kann die so zeichnen wie Peter Butschkow. Er kann Kinder, er kann Alte, Butschkow kann Hunde, Katzen, Möbel, Wald, Autos, einfach alles mit elegantem Strich aus der Hand schütteln. Um ehrlich zu sein, er zeichnet so gut, dass einem der eigene Strich als stümperhaftes Rumgefummel vorkommt.

Peter Butschkow ist in vielem eine Ausnahme – auch darin, dass man es ihm gerne verzeiht, wenn er am lautesten über seine eigenen Witze lacht.

Butschkow ist als Typ wie das alte West-Berlin. Laut, jovial, sentimental, süß, eitel und unkaputtbar optimistisch.

Ich kenne seine Zeichnungen gefühlt schon mein ganzes Leben und bin immer wieder überrascht, wie klug er auch politische Themen zu komischsten Pointen treibt.

Beispiel: Mann beim Psychiater. Bild 1: Mann auf der Couch sagt: „Mich quält Tag und Nacht die Frage: Gasheizung oder Wärmepumpe?", Bild 2: Psychiater liegt neben dem Mann auf der Couch.

In den letzten Jahren hat Peter Butschkow so was wie einen dritten zeichnerischen Frühling erlebt. Er hat für sich ein Thema gefunden, zu dem es bisher nur sehr wenige Cartoons gab. Es ist das Thema der Alten, der Senioren, der Rock'n'Rollator-Opas und -Omas. Butschkow hat als erster Cartoonist gemerkt, dass die neuen Alten die ewig jungen Hippies sind, die Rock'n'Roller mit Hüfte, die linksgrün-versifften Nörgelrentner. Diese Cartoons sind vielleicht das Beste, was es zu diesem Thema gibt. Da ist Butschkow nicht nur der Cartoonist, sondern auch der Soziologe und Psychologe für eine ganze Generation von alternden Boomern.

Über Peter Butschkow kann man vieles sagen, aber eins nicht: dass die Besten jung sterben.

Til Mette, April 2024

Mein Dank geht an ...

... den humorvollen Berliner Berufsberater, der nach meinem Schulabschluss meinen Berufswunsch „Grafiker" mit einer Dachdeckerlehre fördern wollte.

... den alten Kunstmaler in unserem Berliner Kiez, der auf die Frage meiner Eltern, was er dazu meine, dass ihr Peterle „Künstler" werden will, antwortete: „Gott steh ihm bei!"

... Micky Maus, Prinz Eisenherz, Sigurd, Akim, Phantom, Nick Knatterton, Simplizissimus und MAD.

... Dieter und alle großartigen Lappan-Mitarbeiter, mit denen ich in einer ehelichen Arbeitsgemeinschaft schon über Jahrzehnte glücklich gebunden und verleimt bin.

... Marlies und alle wundervollen HEYE (heute ATHESIA)-Mitarbeiter, mit denen ich schon seit Jahrzehnten eine leidenschaftliche Kalender-Affäre pflege.

... Jacob und Eddy, die als Kinder immer Büchsen-Ravioli essen mussten, wenn ihrem väterlichen Koch terminlich mal wieder „der Kittel brannte".

... meine nordfriesischen Mitmenschen für die Anerkennung, dass ich in ihren Augen nur „Schiet im Kopp" habe.

... meine Kollegen*in Miriam Wurster, Til Mette, Uwe Krumbiegel und Flix, die sich bereiterklärt haben, mir ganz ohne Bestechung eine positive Bewertung in dieses Buch zu schreiben.

... alle Fans und Fansinnen, die meinen Humor lieben und dafür nicht nur selbst Geld ausgeben, sondern auch mich am Rückporto für ihre Fanpost teilhaben lassen.

... Micha aus Nürnberg, in dessen Bad direkt neben dem Klo seit über vierzig Jahren ein Cartoon von mir klebt.

... die begeisterungsfähige und einfühlsame Antje vom Cartoonisten-Pflegedienst.

Peter Butschkow wurde 1944 in Cottbus geboren und wuchs in Berlin Tempelhof auf. Nach Kunststudium, Setzerlehre und Studium an der Akademie für Grafik am Berliner Einsteinufer war er drei Jahre angestellter Grafik-Designer, bevor er sich selbstständig machte. 1979 zog er für fünf Jahre ins Bergische Land und begann humoristisch und satirisch zu arbeiten. 1983 wanderte er für weitere fünf Jahre nach Hamburg und wurde zweifacher Vater, bevor er mit der Familie 1988 nach Nordfriesland übersiedelte.

Seit 1980 ist er Cartoonist, Comiczeichner und Textautor, er veröffentlichte über 150 Bücher, seine Cartoons erscheinen seit 2021 regelmäßig in der Frauenzeitschrift Tina.

Wo sein Jungbrunnen steht, bleibt sein Geheimnis, fest steht, dass er nach wie vor viele und lustige Cartoons zeichnet und mit mehr als einer Million verkauften Büchern zu den erfolgreichsten Cartoonisten Deutschlands zählt.

Ebenfalls aus Anlass seines achtzigsten Geburtstags erscheint im Konkursbuch Verlag Claudia Gehrke (Tübingen) sein Kurzgeschichten-Band „LUSTIG – Kurzgeschichten vom Draußen und Drinnen", dem eine nummerierte und handsignierte Postkarte beiliegt. (ISBN 978-3-88769-988-8)

www.butschkow.de

1. Auflage 2024
– Originalausgabe –

© 2024 Lappan Verlag in der Carlsen Verlag GmbH, Völckersstr. 14–20, 22765 Hamburg

ISBN 978-3-8303-3676-1

Alle Rechte vorbehalten. Das Werk darf – auch teilweise – nur mit Genehmigung des Verlags wiedergegeben werden.

Wir behalten uns die Nutzung unserer Inhalte für Text- und Data-Mining im Sinne von § 44b UrhG ausdrücklich vor.

Texte und Cartoons: Peter Butschkow

Mit Texten von Flix, Uwe Krumbiegel, Til Mette und Miriam Wurster

Lektorat: Antje Haubner

Layout | Herstellung: Monika Swirski | Ralf Wagner

Covergestaltung: Monika Swirski unter Verwendung eines Cartoons von Peter Butschkow

Wir produzieren nachhaltig
- Klimaneutrales Produkt
- Papiere aus nachhaltigen und kontrollierten Quellen
- Hergestellt in Europa

FSC MIX Papier | Fördert gute Waldnutzung
www.fsc.org FSC® C002795

FOLGT UNS! facebook.com/lappanverlag
Instagram.com/lappanverlag
www.lappan.de
www.lappankalender.de

Mehr von Peter Butschkow

ISBN 978-3-8303-4366-0

ISBN 978-3-8303-4367-7

ISBN 978-3-8303-4337-0

ISBN 978-3-8303-4514-5

ISBN 978-3-8303-4433-9

ISBN 978-3-8303-4409-4

ISBN 978-3-8303-4543-5

ISBN 978-3-8303-4493-3

ISBN 978-3-8303-4538-1

W W W . L A P P A N . D E

ISBN 978-3-8303-6382-8

ISBN 978-3-8303-6419-1

ISBN 978-3-8303-6396-5

LAPPAN
Bücher, die Spaß bringen!